WEEKLY PLANNER A5:
LET ORGANIZATION, SELF–REFLECTION AND PRODUCTIVITY BE PART OF YOUR DAY

—

A SIMPLE, UNDATED NOTEBOOK TO HELP YOU STICK TO YOUR ROUTINE, CREATE NEW HABITS AND GROW

WEEKLY PLANNER A5: LET ORGANIZATION, SELF-REFLECTION AND PRODUCTIVITY BE PART OF YOUR DAY – A SIMPLE, UNDATED NOTEBOOK TO HELP YOU STICK TO YOUR ROUTINE, CREATE NEW HABITS AND GROW
SECOND EDITION

BIBLIOGRAFISCHE INFORMATION DER DEUTSCHEN NATIONALBIBLIOTHEK: DIE DEUTSCHE NATIONALBIBLIOTHEK VERZEICHNET DIESE PUBLIKATION IN DER DEUTSCHEN NATIONALBIBLIOGRAFIE; DETAILLIERTE BIBLIOGRAFISCHE DATEN SIND IM INTERNET ÜBER DNB.DNB.DE ABRUFBAR.

HERSTELLUNG UND VERLAG: BOD – BOOKS ON DEMAND, NORDERSTEDT

ISBN: 9783756860456

HAVING A PLAN IS NOT ALWAYS THE SOLUTION
BUT IT'S A STEP
TOWARDS FREEING THE MIND.

YOU ARE ON A JOURNEY
AND WHILE HAVING FAITH,
YOU CAN INFLUENCE THE DIRECTION YOU ARE
TAKING. DAY BY DAY.

HOW TO USE THIS PLANNER:

EVERY WEEK ...

... WRITE DOWN WHAT YOU WANT TO ACHIEVE THIS WEEK,
WHAT YOU WANT TO INCLUDE IN YOUR DAILY ROUTINE,
AND WHAT YOU WANT TO DEFINE AS YOUR NEW LITTLE HABIT. YCU
CAN CHOOSE THE SAME OVER AND OVER AGAIN.

... WRITE DOWN A LITTLE NOTE OR ADVICE TO YOURSELF,
AS YOU WOULD GIVE IT TO A FRIEND.

EVERY DAY ...

... ASK YOURSELF, WHAT DO MY MIND, BODY, AND HEART NEED
TODAY? YOU DO NOT HAVE TO DO SOMETHING ABOUT IT,
JUST BE AWARE OF YOUR NEEDS.

... TRY TO BREAK DOWN THE TO-DOS OF THE DAY INTO SMALL
TASKS. TASKS THAT CAN EASILY BE CHECKED OFF IN A FEW MINUTES.

... TRY TO SPOT ONE LITTLE MOMENT YOU WANT TO REMEMBER.
IT CAN BE SOMETHING AS SIMPLE AS THE FIRST SIP OF YOUR COFFEE
OR A BREATH OF FRESH AIR.

YOU GOT THIS

TO-DO THIS WEEK

- ☐ Call HR
- ☐ Present for Lily
- ☑ Return Pauls book
- ☑ Call insurance
- ☐
- ☐

☐ ☐ ☐ ☐ ☐ ☐

WEEKLY NOTE TO MYSELF

I love myself and I treat myself like I would treat a friend

SELF-CARE

ROUTINE #1:	Exercise
ROUTINE #2:	Smile
ROUTINE #3:	Relax
NEW LITTLE HABIT:	10 push-ups

SELF-CARE	TO-DO TODAY	MOMENT TO REMEMBER
NEEDS MIND — Clean apartment BODY — Go outside HEART — Call Anne ROUTINE ☑ ☑ ☑ HABIT ☑	WORK Tidy up kitchen ✓ Tidy up bedroom ✓ Water plants ✓ Go for a run ✓ Go grocery shopping ✓ 7:00 pm: Cooking and having Dinner with Marc and Isabell at home	The colors of autumn while running through the park
NEEDS MIND — Time to think BODY — Go outside HEART — Music ROUTINE ☑ ☑ ☑ HABIT ☑	WORK Call insurance! ✓ Little workout ✓ RELAX at home ♡	The bus driver remembered my name ☺
NEEDS MIND — Meditation BODY — Yoga HEART — Time at home ROUTINE ☑ ☑ ☑ HABIT ☑	WORK 01:30 pm: Lunch with Paul - (book!) 05:00 pm: Yoga-Class Water plants Prepare lunch for tomorrow 06:30 pm: Phone-call with Anne	Talking to Anne on the phone, sitting on the couch with a big cup of tea

TO-DO THIS WEEK

- [ ]
- [ ]
- [ ]
- [ ]
- [ ]
- [ ]

- [ ]
- [ ]
- [ ]
- [ ]
- [ ]
- [ ]

WEEKLY NOTE TO MYSELF

SELF-CARE

ROUTINE#1: _____
ROUTINE#2: _____
ROUTINE#3: _____
NEW LITTLE HABIT: _____

	SELF-CARE	TO-DO TODAY	MOMENT TO REMEMBER
M	NEEDS MIND _____ BODY _____ HEART _____ ROUTINE [ ] [ ] [ ] HABIT [ ]		
T	NEEDS MIND _____ BODY _____ HEART _____ ROUTINE [ ] [ ] [ ] HABIT [ ]		
W	NEEDS MIND _____ BODY _____ HEART _____ ROUTINE [ ] [ ] [ ] HABIT [ ]		

T

NEEDS

MIND _____

BODY _____

HEART _____

ROUTINE

☐
☐
☐

HABIT

☐

F

NEEDS

MIND _____

BODY _____

HEART _____

ROUTINE

☐
☐
☐

HABIT

☐

S

NEEDS

MIND _____

BODY _____

HEART _____

ROUTINE

☐
☐
☐

HABIT

☐

S

NEEDS

MIND _____

BODY _____

HEART _____

ROUTINE

☐
☐
☐

HABIT

☐

TO-DO THIS WEEK

- [ ]
- [ ]
- [ ]
- [ ]
- [ ]
- [ ]

- [ ]
- [ ]
- [ ]
- [ ]
- [ ]
- [ ]

WEEKLY NOTE TO MYSELF

SELF-CARE

ROUTINE#1: _____
ROUTINE#2: _____
ROUTINE#3: _____
NEW LITTLE HABIT: _____

	SELF-CARE	TO-DO TODAY	MOMENT TO REMEMBER
M	NEEDS MIND _____ BODY _____ HEART _____ ROUTINE [ ] [ ] [ ] HABIT [ ]		
T	NEEDS MIND _____ BODY _____ HEART _____ ROUTINE [ ] [ ] [ ] HABIT [ ]		
W	NEEDS MIND _____ BODY _____ HEART _____ ROUTINE [ ] [ ] [ ] HABIT [ ]		

NEEDS

MIND _____

BODY _____

HEART _____

ROUTINE

☐
☐
☐

HABIT

☐

NEEDS

MIND _____

BODY _____

HEART _____

ROUTINE

☐
☐
☐

HABIT

☐

NEEDS

MIND _____

BODY _____

HEART _____

ROUTINE

☐
☐
☐

HABIT

☐

NEEDS

MIND _____

BODY _____

HEART _____

ROUTINE

☐
☐
☐

HABIT

☐

TO-DO THIS WEEK

- [ ] [ ]
- [ ] [ ]
- [ ] [ ]
- [ ] [ ]
- [ ] [ ]
- [ ]

WEEKLY NOTE TO MYSELF

SELF-CARE

ROUTINE#1: _____
ROUTINE#2: _____
ROUTINE#3: _____
NEW LITTLE HABIT: _____

	SELF-CARE	TO-DO TODAY	MOMENT TO REMEMBER
M	NEEDS MIND _____ BODY _____ HEART _____ ROUTINE [ ] [ ] [ ] HABIT [ ]		
T	NEEDS MIND _____ BODY _____ HEART _____ ROUTINE [ ] [ ] [ ] HABIT [ ]		
	NEEDS MIND _____ BODY _____ HEART _____ ROUTINE [ ] [ ] [ ] HABIT [ ]		

NEEDS

MIND _____

BODY _____

HEART _____

ROUTINE

☐
☐
☐

HABIT
☐

NEEDS

MIND _____

BODY _____

HEART _____

ROUTINE

☐
☐
☐

HABIT
☐

NEEDS

MIND _____

BODY _____

HEART _____

ROUTINE

☐
☐
☐

HABIT
☐

NEEDS

MIND _____

BODY _____

HEART _____

ROUTINE

☐
☐
☐

HABIT
☐

TO-DO THIS WEEK

- [ ]   [ ]
- [ ]   [ ]
- [ ]   [ ]
- [ ]   [ ]
- [ ]   [ ]
- [ ]   [ ]

WEEKLY NOTE TO MYSELF

SELF-CARE

ROUTINE#1: _____
ROUTINE#2: _____
ROUTINE#3: _____
NEW LITTLE HABIT: _____

	SELF-CARE	TO-DO TODAY	MOMENT TO REMEMBER
M	NEEDS MIND _____ BODY _____ HEART _____ ROUTINE [ ] [ ] [ ] HABIT [ ]		
T	NEEDS MIND _____ BODY _____ HEART _____ ROUTINE [ ] [ ] [ ] HABIT [ ]		
W	NEEDS MIND _____ BODY _____ HEART _____ ROUTINE [ ] [ ] [ ] HABIT [ ]		

T

NEEDS

MIND _____

BODY _____

HEART _____

ROUTINE

☐
☐
☐   HABIT

☐

F

NEEDS

MIND _____

BODY _____

HEART _____

ROUTINE

☐
☐
☐   HABIT

☐

S

NEEDS

MIND _____

BODY _____

HEART _____

ROUTINE

☐
☐
☐   HABIT

☐

S

NEEDS

MIND _____

BODY _____

HEART _____

ROUTINE

☐
☐
☐   HABIT

☐

TO-DO THIS WEEK

- [ ]   - [ ]
- [ ]   - [ ]
- [ ]   - [ ]
- [ ]   - [ ]
- [ ]   - [ ]
- [ ]   - [ ]

WEEKLY NOTE TO MYSELF

SELF-CARE

ROUTINE#1: _____
ROUTINE#2: _____
ROUTINE#3: _____
NEW LITTLE HABIT: _____

	SELF-CARE	TO-DO TODAY	MOMENT TO REMEMBER
M	NEEDS MIND _____ BODY _____ HEART _____ ROUTINE [ ] [ ] [ ] HABIT [ ]		
T	NEEDS MIND _____ BODY _____ HEART _____ ROUTINE [ ] [ ] [ ] HABIT [ ]		
W	NEEDS MIND _____ BODY _____ HEART _____ ROUTINE [ ] [ ] [ ] HABIT [ ]		

NEEDS

MIND _____

BODY _____

HEART _____

ROUTINE

☐
☐
☐

HABIT

☐

NEEDS

MIND _____

BODY _____

HEART _____

ROUTINE

☐
☐
☐

HABIT

☐

NEEDS

MIND _____

BODY _____

HEART _____

ROUTINE

☐
☐
☐

HABIT

☐

NEEDS

MIND _____

BODY _____

HEART _____

ROUTINE

☐
☐
☐

HABIT

☐

TO-DO THIS WEEK

- [ ] [ ]
- [ ] [ ]
- [ ] [ ]
- [ ] [ ]
- [ ] [ ]
- [ ] [ ]

WEEKLY NOTE TO MYSELF

SELF-CARE

ROUTINE#1: _____
ROUTINE#2: _____
ROUTINE#3: _____
NEW LITTLE HABIT: _____

	SELF-CARE	TO-DO TODAY	MOMENT TO REMEMBER
M	NEEDS MIND _____ BODY _____ HEART _____ ROUTINE [ ] [ ] [ ] HABIT [ ]		
T	NEEDS MIND _____ BODY _____ HEART _____ ROUTINE [ ] [ ] [ ] HABIT [ ]		
W	NEEDS MIND _____ BODY _____ HEART _____ ROUTINE [ ] [ ] [ ] HABIT [ ]		

NEEDS

MIND _____

BODY _____

HEART _____

ROUTINE

☐
☐
☐

HABIT

☐

NEEDS

MIND _____

BODY _____

HEART _____

ROUTINE

☐
☐
☐

HABIT

☐

NEEDS

MIND _____

BODY _____

HEART _____

ROUTINE

☐
☐
☐

HABIT

☐

NEEDS

MIND _____

BODY _____

HEART _____

ROUTINE

☐
☐
☐

HABIT

☐

TO-DO THIS WEEK

- [ ]
- [ ]
- [ ]
- [ ]
- [ ]
- [ ]

- [ ]
- [ ]
- [ ]
- [ ]
- [ ]
- [ ]

WEEKLY NOTE TO MYSELF

SELF-CARE

ROUTINE#1: _____
ROUTINE#2: _____
ROUTINE#3: _____
NEW LITTLE HABIT: _____

	SELF-CARE	TO-DO TODAY	MOMENT TO REMEMBER
M	NEEDS MIND _____ BODY _____ HEART _____ ROUTINE [ ] [ ] [ ] HABIT [ ]		
T	NEEDS MIND _____ BODY _____ HEART _____ ROUTINE [ ] [ ] [ ] HABIT [ ]		
W	NEEDS MIND _____ BODY _____ HEART _____ ROUTINE [ ] [ ] [ ] HABIT [ ]		

T

NEEDS
MIND _____
BODY _____
HEART _____

ROUTINE
☐
☐
☐   HABIT
            ☐

F

NEEDS
MIND _____
BODY _____
HEART _____

ROUTINE
☐
☐
☐   HABIT
            ☐

S

NEEDS
MIND _____
BODY _____
HEART _____

ROUTINE
☐
☐
☐   HABIT
            ☐

S

NEEDS
MIND _____
BODY _____
HEART _____

ROUTINE
☐
☐
☐   HABIT
            ☐

TO-DO THIS WEEK

- ☐
- ☐
- ☐
- ☐
- ☐
- ☐

- ☐
- ☐
- ☐
- ☐
- ☐
- ☐

WEEKLY NOTE TO MYSELF

SELF-CARE

ROUTINE#1: _____
ROUTINE#2: _____
ROUTINE#3: _____
NEW LITTLE HABIT: _____

	SELF-CARE	TO-DO TODAY	MOMENT TO REMEMBER
M	NEEDS MIND _____ BODY _____ HEART _____ ROUTINE ☐ ☐ ☐ HABIT ☐		
T	NEEDS MIND _____ BODY _____ HEART _____ ROUTINE ☐ ☐ ☐ HABIT ☐		
W	NEEDS MIND _____ BODY _____ HEART _____ ROUTINE ☐ ☐ ☐ HABIT ☐		

NEEDS
MIND _____

BODY _____

HEART _____

ROUTINE
☐
☐
☐   HABIT
            ☐

NEEDS
MIND _____

BODY _____

HEART _____

ROUTINE
☐
☐
☐   HABIT
            ☐

NEEDS
MIND _____

BODY _____

HEART _____

ROUTINE
☐
☐
☐   HABIT
            ☐

NEEDS
MIND _____

BODY _____

HEART _____

ROUTINE
☐
☐
☐   HABIT
            ☐

TO-DO THIS WEEK

- [ ]
- [ ]
- [ ]
- [ ]
- [ ]
- [ ]

- [ ]
- [ ]
- [ ]
- [ ]
- [ ]
- [ ]

WEEKLY NOTE TO MYSELF

SELF-CARE

ROUTINE#1: _____
ROUTINE#2: _____
ROUTINE#3: _____
NEW LITTLE HABIT: _____

	SELF-CARE	TO-DO TODAY	MOMENT TO REMEMBER
M	NEEDS MIND _____ BODY _____ HEART _____ ROUTINE [ ] [ ] [ ] HABIT [ ]		
T	NEEDS MIND _____ BODY _____ HEART _____ ROUTINE [ ] [ ] [ ] HABIT [ ]		
W	NEEDS MIND _____ BODY _____ HEART _____ ROUTINE [ ] [ ] [ ] HABIT [ ]		

NEEDS

MIND _____

BODY _____

HEART _____

ROUTINE

☐
☐
☐

HABIT

☐

NEEDS

MIND _____

BODY _____

HEART _____

ROUTINE

☐
☐
☐

HABIT

☐

NEEDS

MIND _____

BODY _____

HEART _____

ROUTINE

☐
☐
☐

HABIT

☐

NEEDS

MIND _____

BODY _____

HEART _____

ROUTINE

☐
☐
☐

HABIT

☐

TO-DO THIS WEEK

- [ ]
- [ ]
- [ ]
- [ ]
- [ ]
- [ ]

- [ ]
- [ ]
- [ ]
- [ ]
- [ ]
- [ ]

WEEKLY NOTE TO MYSELF

SELF-CARE

ROUTINE#1: _____
ROUTINE#2: _____
ROUTINE#3: _____
NEW LITTLE HABIT: _____

	SELF-CARE	TO-DO TODAY	MOMENT TO REMEMBER
M	NEEDS MIND _____ BODY _____ HEART _____ ROUTINE [ ] [ ] [ ] HABIT [ ]		
T	NEEDS MIND _____ BODY _____ HEART _____ ROUTINE [ ] [ ] [ ] HABIT [ ]		
W	NEEDS MIND _____ BODY _____ HEART _____ ROUTINE [ ] [ ] [ ] HABIT [ ]		

T

NEEDS
MIND _____
BODY _____
HEART _____

ROUTINE
☐
☐
☐   HABIT
            ☐

F

NEEDS
MIND _____
BODY _____
HEART _____

ROUTINE
☐
☐
☐   HABIT
            ☐

S

NEEDS
MIND _____
BODY _____
HEART _____

ROUTINE
☐
☐
☐   HABIT
            ☐

S

NEEDS
MIND _____
BODY _____
HEART _____

ROUTINE
☐
☐
☐   HABIT
            ☐

CHANGE NEEDS TIME.
WE CHANGE IN SMALL STEPS.
AND THAT IS OK.

TO-DO THIS WEEK

- ☐
- ☐
- ☐
- ☐
- ☐
- ☐

- ☐
- ☐
- ☐
- ☐
- ☐
- ☐

WEEKLY NOTE TO MYSELF

SELF-CARE

ROUTINE#1: _____
ROUTINE#2: _____
ROUTINE#3: _____
NEW LITTLE HABIT: _____

	SELF-CARE	TO-DO TODAY	MOMENT TO REMEMBER
M	NEEDS MIND _____ BODY _____ HEART _____ ROUTINE ☐ ☐ ☐ HABIT ☐		
T	NEEDS MIND _____ BODY _____ HEART _____ ROUTINE ☐ ☐ ☐ HABIT ☐		
W	NEEDS MIND _____ BODY _____ HEART _____ ROUTINE ☐ ☐ ☐ HABIT ☐		

NEEDS

MIND _____

BODY _____

HEART _____

ROUTINE

☐

☐

☐   HABIT

           ☐

NEEDS

MIND _____

BODY _____

HEART _____

ROUTINE

☐

☐

☐   HABIT

           ☐

NEEDS

MIND _____

BODY _____

HEART _____

ROUTINE

☐

☐

☐   HABIT

           ☐

NEEDS

MIND _____

BODY _____

HEART _____

ROUTINE

☐

☐

☐   HABIT

           ☐

TO-DO THIS WEEK		WEEKLY NOTE TO MYSELF

☐　　　☐
☐　　　☐
☐　　　☐
☐　　　☐
☐　　　☐
☐　　　☐

SELF-CARE
ROUTINE#1: _____
ROUTINE#2: _____
ROUTINE#3: _____
NEW LITTLE HABIT: _____

	SELF-CARE	TO-DO TODAY	MOMENT TO REMEMBER
M	NEEDS MIND _____ BODY _____ HEART _____ ROUTINE ☐ ☐ HABIT ☐ ☐		
T	NEEDS MIND _____ BODY _____ HEART _____ ROUTINE ☐ ☐ HABIT ☐ ☐		
W	NEEDS MIND _____ BODY _____ HEART _____ ROUTINE ☐ ☐ HABIT ☐ ☐		

T

NEEDS

MIND _____

BODY _____

HEART _____

ROUTINE

☐
☐
☐

HABIT

☐

F

NEEDS

MIND _____

BODY _____

HEART _____

ROUTINE

☐
☐
☐

HABIT

☐

S

NEEDS

MIND _____

BODY _____

HEART _____

ROUTINE

☐
☐
☐

HABIT

☐

S

NEEDS

MIND _____

BODY _____

HEART _____

ROUTINE

☐
☐
☐

HABIT

☐

TO-DO THIS WEEK

- [ ]
- [ ]
- [ ]
- [ ]
- [ ]
- [ ]

- [ ]
- [ ]
- [ ]
- [ ]
- [ ]
- [ ]

WEEKLY NOTE TO MYSELF

SELF-CARE

ROUTINE#1: _____
ROUTINE#2: _____
ROUTINE#3: _____
NEW LITTLE HABIT: _____

	SELF-CARE	TO-DO TODAY	MOMENT TO REMEMBER
M	NEEDS MIND _____ BODY _____ HEART _____ ROUTINE ☐ ☐ ☐ HABIT ☐		
T	NEEDS MIND _____ BODY _____ HEART _____ ROUTINE ☐ ☐ ☐ HABIT ☐		
W	NEEDS MIND _____ BODY _____ HEART _____ ROUTINE ☐ ☐ ☐ HABIT ☐		

NEEDS

MIND _____

BODY _____

HEART _____

ROUTINE

☐
☐
☐   HABIT
                     ☐

NEEDS

MIND _____

BODY _____

HEART _____

ROUTINE

☐
☐
☐   HABIT
                     ☐

NEEDS

MIND _____

BODY _____

HEART _____

ROUTINE

☐
☐
☐   HABIT
                     ☐

NEEDS

MIND _____

BODY _____

HEART _____

ROUTINE

☐
☐
☐   HABIT
                     ☐

TO-DO THIS WEEK

- [ ]
- [ ]
- [ ]
- [ ]
- [ ]
- [ ]

- [ ]
- [ ]
- [ ]
- [ ]
- [ ]
- [ ]

WEEKLY NOTE TO MYSELF

SELF-CARE

ROUTINE#1: _____
ROUTINE#2: _____
ROUTINE#3: _____
NEW LITTLE HABIT: _____

	SELF-CARE	TO-DO TODAY	MOMENT TO REMEMBER
M	NEEDS MIND _____ BODY _____ HEART _____ ROUTINE [ ] [ ] [ ] HABIT [ ]		
T	NEEDS MIND _____ BODY _____ HEART _____ ROUTINE [ ] [ ] [ ] HABIT [ ]		
W	NEEDS MIND _____ BODY _____ HEART _____ ROUTINE [ ] [ ] [ ] HABIT [ ]		

NEEDS

MIND _____

BODY _____

HEART _____

ROUTINE

☐
☐
☐   HABIT

☐

NEEDS

MIND _____

BODY _____

HEART _____

ROUTINE

☐
☐
☐   HABIT

☐

NEEDS

MIND _____

BODY _____

HEART _____

ROUTINE

☐
☐
☐   HABIT

☐

NEEDS

MIND _____

BODY _____

HEART _____

ROUTINE

☐
☐
☐   HABIT

☐

TO-DO THIS WEEK

- [ ]
- [ ]
- [ ]
- [ ]
- [ ]
- [ ]
- [ ]
- [ ]
- [ ]
- [ ]
- [ ]
- [ ]

WEEKLY NOTE TO MYSELF

SELF-CARE

ROUTINE#1: _____
ROUTINE#2: _____
ROUTINE#3: _____
NEW LITTLE HABIT: _____

	SELF-CARE	TO-DO TODAY	MOMENT TO REMEMBER
M	NEEDS MIND _____ BODY _____ HEART _____ ROUTINE [ ] [ ] [ ] HABIT [ ]		
T	NEEDS MIND _____ BODY _____ HEART _____ ROUTINE [ ] [ ] [ ] HABIT [ ]		
W	NEEDS MIND _____ BODY _____ HEART _____ ROUTINE [ ] [ ] [ ] HABIT [ ]		

T

NEEDS

MIND _____

BODY _____

HEART _____

ROUTINE

☐

☐

☐

HABIT

☐

F

NEEDS

MIND _____

BODY _____

HEART _____

ROUTINE

☐

☐

☐

HABIT

☐

S

NEEDS

MIND _____

BODY _____

HEART _____

ROUTINE

☐

☐

☐

HABIT

☐

S

NEEDS

MIND _____

BODY _____

HEART _____

ROUTINE

☐

☐

☐

HABIT

☐

TO-DO THIS WEEK

- [ ]   [ ]
- [ ]   [ ]
- [ ]   [ ]
- [ ]   [ ]
- [ ]   [ ]
- [ ]   [ ]

WEEKLY NOTE TO MYSELF

SELF-CARE

ROUTINE#1: _____
ROUTINE#2: _____
ROUTINE#3: _____
NEW LITTLE HABIT: _____

	SELF-CARE	TO-DO TODAY	MOMENT TO REMEMBER
M	NEEDS MIND _____ BODY _____ HEART _____ ROUTINE [ ] [ ] [ ] HABIT [ ]		
T	NEEDS MIND _____ BODY _____ HEART _____ ROUTINE [ ] [ ] [ ] HABIT [ ]		
W	NEEDS MIND _____ BODY _____ HEART _____ ROUTINE [ ] [ ] [ ] HABIT [ ]		

NEEDS

MIND _____

BODY _____

HEART _____

ROUTINE

☐
☐
☐   **HABIT**
         ☐

NEEDS

MIND _____

BODY _____

HEART _____

ROUTINE

☐
☐
☐   **HABIT**
         ☐

NEEDS

MIND _____

BODY _____

HEART _____

ROUTINE

☐
☐
☐   **HABIT**
         ☐

NEEDS

MIND _____

BODY _____

HEART _____

ROUTINE

☐
☐
☐   **HABIT**
         ☐

TO-DO THIS WEEK

- [ ]
- [ ]
- [ ]
- [ ]
- [ ]
- [ ]

- [ ]
- [ ]
- [ ]
- [ ]
- [ ]
- [ ]

WEEKLY NOTE TO MYSELF

SELF-CARE

ROUTINE#1: _____
ROUTINE#2: _____
ROUTINE#3: _____
NEW LITTLE HABIT: _____

	SELF-CARE	TO-DO TODAY	MOMENT TO REMEMBER
M	NEEDS MIND _____ BODY _____ HEART _____ ROUTINE [ ] [ ] [ ] HABIT [ ]		
T	NEEDS MIND _____ BODY _____ HEART _____ ROUTINE [ ] [ ] [ ] HABIT [ ]		
W	NEEDS MIND _____ BODY _____ HEART _____ ROUTINE [ ] [ ] [ ] HABIT [ ]		

NEEDS

MIND _____

BODY _____

HEART _____

ROUTINE

☐
☐
☐   **HABIT**
           ☐

NEEDS

MIND _____

BODY _____

HEART _____

ROUTINE

☐
☐
☐   **HABIT**
           ☐

NEEDS

MIND _____

BODY _____

HEART _____

ROUTINE

☐
☐
☐   **HABIT**
           ☐

NEEDS

MIND _____

BODY _____

HEART _____

ROUTINE

☐
☐
☐   **HABIT**
           ☐

TO-DO THIS WEEK

- [ ]
- [ ]
- [ ]
- [ ]
- [ ]
- [ ]

- [ ]
- [ ]
- [ ]
- [ ]
- [ ]
- [ ]

WEEKLY NOTE TO MYSELF

SELF-CARE

ROUTINE#1: _____
ROUTINE#2: _____
ROUTINE#3: _____
NEW LITTLE HABIT: _____

	SELF-CARE	TO-DO TODAY	MOMENT TO REMEMBER
M	NEEDS MIND _____ BODY _____ HEART _____ ROUTINE [ ] [ ] [ ] HABIT [ ]		
T	NEEDS MIND _____ BODY _____ HEART _____ ROUTINE [ ] [ ] [ ] HABIT [ ]		
W	NEEDS MIND _____ BODY _____ HEART _____ ROUTINE [ ] [ ] [ ] HABIT [ ]		

T

NEEDS

MIND _____

BODY _____

HEART _____

ROUTINE

☐
☐
☐

HABIT

☐

F

NEEDS

MIND _____

BODY _____

HEART _____

ROUTINE

☐
☐
☐

HABIT

☐

S

NEEDS

MIND _____

BODY _____

HEART _____

ROUTINE

☐
☐
☐

HABIT

☐

S

NEEDS

MIND _____

BODY _____

HEART _____

ROUTINE

☐
☐
☐

HABIT

☐

TO-DO THIS WEEK

- [ ]
- [ ]
- [ ]
- [ ]
- [ ]
- [ ]

- [ ]
- [ ]
- [ ]
- [ ]
- [ ]
- [ ]

WEEKLY NOTE TO MYSELF

SELF-CARE

ROUTINE#1: _____
ROUTINE#2: _____
ROUTINE#3: _____
NEW LITTLE HABIT: _____

	SELF-CARE	TO-DO TODAY	MOMENT TO REMEMBER
M	NEEDS MIND _____ BODY _____ HEART _____ ROUTINE [ ] [ ] [ ] HABIT [ ]		
T	NEEDS MIND _____ BODY _____ HEART _____ ROUTINE [ ] [ ] [ ] HABIT [ ]		
W	NEEDS MIND _____ BODY _____ HEART _____ ROUTINE [ ] [ ] [ ] HABIT [ ]		

NEEDS

MIND _____

BODY _____

HEART _____

ROUTINE
☐
☐
☐

HABIT
☐

NEEDS

MIND _____

BODY _____

HEART _____

ROUTINE
☐
☐
☐

HABIT
☐

NEEDS

MIND _____

BODY _____

HEART _____

ROUTINE
☐
☐
☐

HABIT
☐

NEEDS

MIND _____

BODY _____

HEART _____

ROUTINE
☐
☐
☐

HABIT
☐

TO-DO THIS WEEK

- [ ]   [ ]
- [ ]   [ ]
- [ ]   [ ]
- [ ]   [ ]
- [ ]   [ ]
- [ ]   [ ]

WEEKLY NOTE TO MYSELF

SELF-CARE

ROUTINE#1: _____

ROUTINE#2: _____

ROUTINE#3: _____

NEW LITTLE HABIT: _____

	SELF-CARE	TO-DO TODAY	MOMENT TO REMEMBER
M	NEEDS MIND _____ BODY _____ HEART _____ ROUTINE [ ] [ ] [ ] HABIT [ ]		
T	NEEDS MIND _____ BODY _____ HEART _____ ROUTINE [ ] [ ] [ ] HABIT [ ]		
W	NEEDS MIND _____ BODY _____ HEART _____ ROUTINE [ ] [ ] [ ] HABIT [ ]		

NEEDS

MIND _____

BODY _____

HEART _____

ROUTINE

☐
☐
☐

HABIT

☐

NEEDS

MIND _____

BODY _____

HEART _____

ROUTINE

☐
☐
☐

HABIT

☐

NEEDS

MIND _____

BODY _____

HEART _____

ROUTINE

☐
☐
☐

HABIT

☐

NEEDS

MIND _____

BODY _____

HEART _____

ROUTINE

☐
☐
☐

HABIT

☐

TO-DO THIS WEEK

- [ ]
- [ ]
- [ ]
- [ ]
- [ ]
- [ ]

- [ ]
- [ ]
- [ ]
- [ ]
- [ ]
- [ ]

WEEKLY NOTE TO MYSELF

SELF-CARE

ROUTINE#1: _____
ROUTINE#2: _____
ROUTINE#3: _____
NEW LITTLE HABIT: _____

	SELF-CARE	TO-DO TODAY	MOMENT TO REMEMBER
M	NEEDS MIND _____ BODY _____ HEART _____ ROUTINE [ ] [ ] [ ] HABIT [ ]		
T	NEEDS MIND _____ BODY _____ HEART _____ ROUTINE [ ] [ ] [ ] HABIT [ ]		
W	NEEDS MIND _____ BODY _____ HEART _____ ROUTINE [ ] [ ] [ ] HABIT [ ]		

T

NEEDS

MIND _____

BODY _____

HEART _____

ROUTINE

☐

☐

☐

HABIT

☐

F

NEEDS

MIND _____

BODY _____

HEART _____

ROUTINE

☐

☐

☐

HABIT

☐

S

NEEDS

MIND _____

BODY _____

HEART _____

ROUTINE

☐

☐

☐

HABIT

☐

S

NEEDS

MIND _____

BODY _____

HEART _____

ROUTINE

☐

☐

☐

HABIT

☐

TO-DO THIS WEEK

- [ ]
- [ ]
- [ ]
- [ ]
- [ ]
- [ ]

- [ ]
- [ ]
- [ ]
- [ ]
- [ ]
- [ ]

WEEKLY NOTE TO MYSELF

SELF-CARE

ROUTINE#1: _____
ROUTINE#2: _____
ROUTINE#3: _____
NEW LITTLE HABIT: _____

	SELF-CARE	TO-DO TODAY	MOMENT TO REMEMBER
M	NEEDS MIND _____ BODY _____ HEART _____ ROUTINE [ ] [ ] [ ] HABIT [ ]		
T	NEEDS MIND _____ BODY _____ HEART _____ ROUTINE [ ] [ ] [ ] HABIT [ ]		
W	NEEDS MIND _____ BODY _____ HEART _____ ROUTINE [ ] [ ] [ ] HABIT [ ]		

NEEDS

MIND _____

BODY _____

HEART _____

ROUTINE
☐
☐
☐   HABIT
             ☐

NEEDS

MIND _____

BODY _____

HEART _____

ROUTINE
☐
☐
☐   HABIT
             ☐

NEEDS

MIND _____

BODY _____

HEART _____

ROUTINE
☐
☐
☐   HABIT
             ☐

NEEDS

MIND _____

BODY _____

HEART _____

ROUTINE
☐
☐
☐   HABIT
             ☐

TO-DO THIS WEEK

- [ ]   [ ]
- [ ]   [ ]
- [ ]   [ ]
- [ ]   [ ]
- [ ]   [ ]
- [ ]   [ ]

WEEKLY NOTE TO MYSELF

SELF-CARE

ROUTINE#1: _____
ROUTINE#2: _____
ROUTINE#3: _____
NEW LITTLE HABIT: _____

	SELF-CARE	TO-DO TODAY	MOMENT TO REMEMBER
M	NEEDS MIND _____ BODY _____ HEART _____ ROUTINE [ ] [ ] [ ] HABIT [ ]		
T	NEEDS MIND _____ BODY _____ HEART _____ ROUTINE [ ] [ ] [ ] HABIT [ ]		
W	NEEDS MIND _____ BODY _____ HEART _____ ROUTINE [ ] [ ] [ ] HABIT [ ]		

NEEDS

MIND _____

BODY _____

HEART _____

ROUTINE
☐
☐
☐   HABIT
                     ☐

NEEDS

MIND _____

BODY _____

HEART _____

ROUTINE
☐
☐
☐   HABIT
                     ☐

NEEDS

MIND _____

BODY _____

HEART _____

ROUTINE
☐
☐
☐   HABIT
                     ☐

NEEDS

MIND _____

BODY _____

HEART _____

ROUTINE
☐
☐
☐   HABIT
                     ☐

TO-DO THIS WEEK

- [ ]
- [ ]
- [ ]
- [ ]
- [ ]
- [ ]

- [ ]
- [ ]
- [ ]
- [ ]
- [ ]
- [ ]

WEEKLY NOTE TO MYSELF

SELF-CARE

ROUTINE#1: _____
ROUTINE#2: _____
ROUTINE#3: _____
NEW LITTLE HABIT: _____

	SELF-CARE	TO-DO TODAY	MOMENT TO REMEMBER
M	NEEDS MIND _____ BODY _____ HEART _____ ROUTINE [ ] [ ] [ ] HABIT [ ]		
T	NEEDS MIND _____ BODY _____ HEART _____ ROUTINE [ ] [ ] [ ] HABIT [ ]		
W	NEEDS MIND _____ BODY _____ HEART _____ ROUTINE [ ] [ ] [ ] HABIT [ ]		

T

NEEDS
MIND _____
BODY _____
HEART _____

ROUTINE
☐
☐
☐   HABIT
           ☐

F

NEEDS
MIND _____
BODY _____
HEART _____

ROUTINE
☐
☐
☐   HABIT
           ☐

S

NEEDS
MIND _____
BODY _____
HEART _____

ROUTINE
☐
☐
☐   HABIT
           ☐

S

NEEDS
MIND _____
BODY _____
HEART _____

ROUTINE
☐
☐
☐   HABIT
           ☐

TO-DO THIS WEEK

- ☐
- ☐
- ☐
- ☐
- ☐
- ☐

- ☐
- ☐
- ☐
- ☐
- ☐
- ☐

WEEKLY NOTE TO MYSELF

SELF-CARE

ROUTINE#1: _____
ROUTINE#2: _____
ROUTINE#3: _____
NEW LITTLE HABIT: _____

	SELF-CARE	TO-DO TODAY	MOMENT TO REMEMBER
M	NEEDS MIND _____ BODY _____ HEART _____ ROUTINE ☐ ☐ ☐ HABIT ☐		
T	NEEDS MIND _____ BODY _____ HEART _____ ROUTINE ☐ ☐ ☐ HABIT ☐		
W	NEEDS MIND _____ BODY _____ HEART _____ ROUTINE ☐ ☐ ☐ HABIT ☐		

NEEDS

MIND _____

BODY _____

HEART _____

ROUTINE

☐
☐
☐

HABIT

☐

NEEDS

MIND _____

BODY _____

HEART _____

ROUTINE

☐
☐
☐

HABIT

☐

NEEDS

MIND _____

BODY _____

HEART _____

ROUTINE

☐
☐
☐

HABIT

☐

NEEDS

MIND _____

BODY _____

HEART _____

ROUTINE

☐
☐
☐

HABIT

☐

I GOT THIS

TO-DO THIS WEEK

- ☐
- ☐
- ☐
- ☐
- ☐
- ☐

- ☐
- ☐
- ☐
- ☐
- ☐
- ☐

WEEKLY NOTE TO MYSELF

SELF-CARE

ROUTINE#1: _____
ROUTINE#2: _____
ROUTINE#3: _____
NEW LITTLE HABIT: _____

	SELF-CARE	TO-DO TODAY	MOMENT TO REMEMBER
M	NEEDS MIND _____ BODY _____ HEART _____ ROUTINE ☐ ☐ ☐ HABIT ☐		
T	NEEDS MIND _____ BODY _____ HEART _____ ROUTINE ☐ ☐ ☐ HABIT ☐		
W	NEEDS MIND _____ BODY _____ HEART _____ ROUTINE ☐ ☐ ☐ HABIT ☐		

T

NEEDS
MIND _____
BODY _____
HEART _____

ROUTINE
☐
☐
☐   HABIT
            ☐

F

NEEDS
MIND _____
BODY _____
HEART _____

ROUTINE
☐
☐
☐   HABIT
            ☐

S

NEEDS
MIND _____
BODY _____
HEART _____

ROUTINE
☐
☐
☐   HABIT
            ☐

S

NEEDS
MIND _____
BODY _____
HEART _____

ROUTINE
☐
☐
☐   HABIT
            ☐

TO-DO THIS WEEK

- [ ]
- [ ]
- [ ]
- [ ]
- [ ]
- [ ]

- [ ]
- [ ]
- [ ]
- [ ]
- [ ]
- [ ]

WEEKLY NOTE TO MYSELF

SELF-CARE

ROUTINE#1: _____
ROUTINE#2: _____
ROUTINE#3: _____
NEW LITTLE HABIT: _____

	SELF-CARE	TO-DO TODAY	MOMENT TO REMEMBER
M	NEEDS MIND _____ BODY _____ HEART _____ ROUTINE ☐ ☐ ☐ HABIT ☐		
T	NEEDS MIND _____ BODY _____ HEART _____ ROUTINE ☐ ☐ ☐ HABIT ☐		
W	NEEDS MIND _____ BODY _____ HEART _____ ROUTINE ☐ ☐ ☐ HABIT ☐		

NEEDS

MIND _____

BODY _____

HEART _____

ROUTINE

☐
☐
☐　　　**HABIT**
　　　☐

NEEDS

MIND _____

BODY _____

HEART _____

ROUTINE

☐
☐
☐　　　**HABIT**
　　　☐

NEEDS

MIND _____

BODY _____

HEART _____

ROUTINE

☐
☐
☐　　　**HABIT**
　　　☐

NEEDS

MIND _____

BODY _____

HEART _____

ROUTINE

☐
☐
☐　　　**HABIT**
　　　☐

TO-DO THIS WEEK

- [ ]
- [ ]
- [ ]
- [ ]
- [ ]
- [ ]

- [ ]
- [ ]
- [ ]
- [ ]
- [ ]
- [ ]

WEEKLY NOTE TO MYSELF

SELF-CARE

ROUTINE#1: _____
ROUTINE#2: _____
ROUTINE#3: _____
NEW LITTLE HABIT: _____

	SELF-CARE	TO-DO TODAY	MOMENT TO REMEMBER
M	NEEDS MIND _____ BODY _____ HEART _____ ROUTINE [ ] [ ] [ ] HABIT [ ]		
T	NEEDS MIND _____ BODY _____ HEART _____ ROUTINE [ ] [ ] [ ] HABIT [ ]		
W	NEEDS MIND _____ BODY _____ HEART _____ ROUTINE [ ] [ ] [ ] HABIT [ ]		

NEEDS

MIND _____

BODY _____

HEART _____

ROUTINE

☐
☐
☐   HABIT

☐

NEEDS

MIND _____

BODY _____

HEART _____

ROUTINE

☐
☐
☐   HABIT

☐

NEEDS

MIND _____

BODY _____

HEART _____

ROUTINE

☐
☐
☐   HABIT

☐

NEEDS

MIND _____

BODY _____

HEART _____

ROUTINE

☐
☐
☐   HABIT

☐

TO-DO THIS WEEK

- [ ]
- [ ]
- [ ]
- [ ]
- [ ]
- [ ]

- [ ]
- [ ]
- [ ]
- [ ]
- [ ]
- [ ]

WEEKLY NOTE TO MYSELF

SELF-CARE

ROUTINE#1: _____
ROUTINE#2: _____
ROUTINE#3: _____
NEW LITTLE HABIT: _____

	SELF-CARE	TO-DO TODAY	MOMENT TO REMEMBER
M	NEEDS MIND _____ BODY _____ HEART _____ ROUTINE - [ ] - [ ] - [ ] HABIT [ ]		
T	NEEDS MIND _____ BODY _____ HEART _____ ROUTINE - [ ] - [ ] - [ ] HABIT [ ]		
W	NEEDS MIND _____ BODY _____ HEART _____ ROUTINE - [ ] - [ ] - [ ] HABIT [ ]		

T

NEEDS

MIND _____

BODY _____

HEART _____

ROUTINE

☐
☐
☐   HABIT

☐

F

NEEDS

MIND _____

BODY _____

HEART _____

ROUTINE

☐
☐
☐   HABIT

☐

S

NEEDS

MIND _____

BODY _____

HEART _____

ROUTINE

☐
☐
☐   HABIT

☐

S

NEEDS

MIND _____

BODY _____

HEART _____

ROUTINE

☐
☐
☐   HABIT

☐

TO-DO THIS WEEK

☐ ☐
☐ ☐
☐ ☐
☐ ☐
☐ ☐
☐ ☐

WEEKLY NOTE TO MYSELF

SELF-CARE

ROUTINE#1: _____
ROUTINE#2: _____
ROUTINE#3: _____
NEW LITTLE HABIT: _____

	SELF-CARE	TO-DO TODAY	MOMENT TO REMEMBER
M	NEEDS MIND _____ BODY _____ HEART _____ ROUTINE ☐ ☐ ☐ HABIT ☐		
T	NEEDS MIND _____ BODY _____ HEART _____ ROUTINE ☐ ☐ ☐ HABIT ☐		
W	NEEDS MIND _____ BODY _____ HEART _____ ROUTINE ☐ ☐ ☐ HABIT ☐		

NEEDS

MIND _____

BODY _____

HEART _____

ROUTINE

☐
☐
☐

HABIT

☐

NEEDS

MIND _____

BODY _____

HEART _____

ROUTINE

☐
☐
☐

HABIT

☐

NEEDS

MIND _____

BODY _____

HEART _____

ROUTINE

☐
☐
☐

HABIT

☐

NEEDS

MIND _____

BODY _____

HEART _____

ROUTINE

☐
☐
☐

HABIT

☐

TO-DO THIS WEEK

- [ ]
- [ ]
- [ ]
- [ ]
- [ ]
- [ ]

- [ ]
- [ ]
- [ ]
- [ ]
- [ ]
- [ ]

WEEKLY NOTE TO MYSELF

SELF-CARE

ROUTINE#1: _____
ROUTINE#2: _____
ROUTINE#3: _____
NEW LITTLE HABIT: _____

	SELF-CARE	TO-DO TODAY	MOMENT TO REMEMBER
M	NEEDS MIND _____ BODY _____ HEART _____ ROUTINE [ ] [ ] [ ] HABIT [ ]		
T	NEEDS MIND _____ BODY _____ HEART _____ ROUTINE [ ] [ ] [ ] HABIT [ ]		
W	NEEDS MIND _____ BODY _____ HEART _____ ROUTINE [ ] [ ] [ ] HABIT [ ]		

NEEDS

MIND _____

BODY _____

HEART _____

ROUTINE

☐
☐
☐

HABIT

☐

NEEDS

MIND _____

BODY _____

HEART _____

ROUTINE

☐
☐
☐

HABIT

☐

NEEDS

MIND _____

BODY _____

HEART _____

ROUTINE

☐
☐
☐

HABIT

☐

NEEDS

MIND _____

BODY _____

HEART _____

ROUTINE

☐
☐
☐

HABIT

☐

TO-DO THIS WEEK

- [ ]
- [ ]
- [ ]
- [ ]
- [ ]
- [ ]

- [ ]
- [ ]
- [ ]
- [ ]
- [ ]
- [ ]

WEEKLY NOTE TO MYSELF

SELF-CARE

ROUTINE#1: _____
ROUTINE#2: _____
ROUTINE#3: _____
NEW LITTLE HABIT: _____

	SELF-CARE	TO-DO TODAY	MOMENT TO REMEMBER
M	NEEDS MIND _____ BODY _____ HEART _____ ROUTINE [ ] [ ] [ ] HABIT [ ]		
T	NEEDS MIND _____ BODY _____ HEART _____ ROUTINE [ ] [ ] [ ] HABIT [ ]		
W	NEEDS MIND _____ BODY _____ HEART _____ ROUTINE [ ] [ ] [ ] HABIT [ ]		

T

NEEDS
MIND _____
BODY _____
HEART _____

ROUTINE
☐
☐
☐   HABIT
            ☐

F

NEEDS
MIND _____
BODY _____
HEART _____

ROUTINE
☐
☐
☐   HABIT
            ☐

S

NEEDS
MIND _____
BODY _____
HEART _____

ROUTINE
☐
☐
☐   HABIT
            ☐

S

NEEDS
MIND _____
BODY _____
HEART _____

ROUTINE
☐
☐
☐   HABIT
            ☐

TO-DO THIS WEEK

- [ ]
- [ ]
- [ ]
- [ ]
- [ ]
- [ ]

- [ ]
- [ ]
- [ ]
- [ ]
- [ ]
- [ ]

WEEKLY NOTE TO MYSELF

SELF-CARE
ROUTINE#1: _____
ROUTINE#2: _____
ROUTINE#3: _____
NEW LITTLE HABIT: _____

	SELF-CARE	TO-DO TODAY	MOMENT TO REMEMBER
M	NEEDS MIND _____ BODY _____ HEART _____ ROUTINE [ ] [ ] [ ] HABIT [ ]		
T	NEEDS MIND _____ BODY _____ HEART _____ ROUTINE [ ] [ ] [ ] HABIT [ ]		
W	NEEDS MIND _____ BODY _____ HEART _____ ROUTINE [ ] [ ] [ ] HABIT [ ]		

NEEDS

MIND _____

BODY _____

HEART _____

ROUTINE

☐
☐
☐   HABIT

☐

NEEDS

MIND _____

BODY _____

HEART _____

ROUTINE

☐
☐
☐   HABIT

☐

NEEDS

MIND _____

BODY _____

HEART _____

ROUTINE

☐
☐
☐   HABIT

☐

NEEDS

MIND _____

BODY _____

HEART _____

ROUTINE

☐
☐
☐   HABIT

☐

TO-DO THIS WEEK

- ☐
- ☐
- ☐
- ☐
- ☐
- ☐

- ☐
- ☐
- ☐
- ☐
- ☐
- ☐

WEEKLY NOTE TO MYSELF

SELF-CARE

ROUTINE#1: _____
ROUTINE#2: _____
ROUTINE#3: _____
NEW LITTLE HABIT: _____

	SELF-CARE	TO-DO TODAY	MOMENT TO REMEMBER
M	NEEDS MIND _____ BODY _____ HEART _____ ROUTINE ☐ ☐ ☐ HABIT ☐		
T	NEEDS MIND _____ BODY _____ HEART _____ ROUTINE ☐ ☐ ☐ HABIT ☐		
W	NEEDS MIND _____ BODY _____ HEART _____ ROUTINE ☐ ☐ ☐ HABIT ☐		

NEEDS
MIND _____

BODY _____

HEART_____

ROUTINE
☐
☐
☐   HABIT
              ☐

NEEDS
MIND _____

BODY _____

HEART_____

ROUTINE
☐
☐
☐   HABIT
              ☐

NEEDS
MIND _____

BODY _____

HEART_____

ROUTINE
☐
☐
☐   HABIT
              ☐

NEEDS
MIND _____

BODY _____

HEART_____

ROUTINE
☐
☐
☐   HABIT
              ☐

TO-DO THIS WEEK

☐ ☐
☐ ☐
☐ ☐
☐ ☐
☐ ☐
☐ ☐

WEEKLY NOTE TO MYSELF

SELF-CARE

ROUTINE#1: _____
ROUTINE#2: _____
ROUTINE#3: _____
NEW LITTLE HABIT: _____

	SELF-CARE	TO-DO TODAY	MOMENT TO REMEMBER
M	NEEDS MIND _____ BODY _____ HEART _____ ROUTINE ☐ ☐ ☐ HABIT ☐		
T	NEEDS MIND _____ BODY _____ HEART _____ ROUTINE ☐ ☐ ☐ HABIT ☐		
W	NEEDS MIND _____ BODY _____ HEART _____ ROUTINE ☐ ☐ ☐ HABIT ☐		

T

NEEDS
MIND _____
BODY _____
HEART _____

ROUTINE
☐
☐
☐   HABIT
                 ☐

F

NEEDS
MIND _____
BODY _____
HEART _____

ROUTINE
☐
☐
☐   HABIT
                 ☐

S

NEEDS
MIND _____
BODY _____
HEART _____

ROUTINE
☐
☐
☐   HABIT
                 ☐

S

NEEDS
MIND _____
BODY _____
HEART _____

ROUTINE
☐
☐
☐   HABIT
                 ☐

TO-DO THIS WEEK

- [ ]   - [ ]
- [ ]   - [ ]
- [ ]   - [ ]
- [ ]   - [ ]
- [ ]   - [ ]
- [ ]   - [ ]

WEEKLY NOTE TO MYSELF

SELF-CARE

ROUTINE#1: _____
ROUTINE#2: _____
ROUTINE#3: _____
NEW LITTLE HABIT: _____

	SELF-CARE	TO-DO TODAY	MOMENT TO REMEMBER
M	NEEDS MIND _____ BODY _____ HEART _____ ROUTINE [ ] [ ] [ ] HABIT [ ]		
T	NEEDS MIND _____ BODY _____ HEART _____ ROUTINE [ ] [ ] [ ] HABIT [ ]		
W	NEEDS MIND _____ BODY _____ HEART _____ ROUTINE [ ] [ ] [ ] HABIT [ ]		

NEEDS

MIND _____

BODY _____

HEART _____

ROUTINE

☐
☐
☐   **HABIT**
            ☐

NEEDS

MIND _____

BODY _____

HEART _____

ROUTINE

☐
☐
☐   **HABIT**
            ☐

NEEDS

MIND _____

BODY _____

HEART _____

ROUTINE

☐
☐
☐   **HABIT**
            ☐

NEEDS

MIND _____

BODY _____

HEART _____

ROUTINE

☐
☐
☐   **HABIT**
            ☐

TO-DO THIS WEEK

- [ ]
- [ ]
- [ ]
- [ ]
- [ ]
- [ ]

- [ ]
- [ ]
- [ ]
- [ ]
- [ ]
- [ ]

WEEKLY NOTE TO MYSELF

SELF-CARE

ROUTINE#1: _____
ROUTINE#2: _____
ROUTINE#3: _____
NEW LITTLE HABIT: _____

	SELF-CARE	TO-DO TODAY	MOMENT TO REMEMBER
M	NEEDS MIND _____ BODY _____ HEART _____ ROUTINE ☐ ☐ ☐ HABIT ☐		
T	NEEDS MIND _____ BODY _____ HEART _____ ROUTINE ☐ ☐ ☐ HABIT ☐		
W	NEEDS MIND _____ BODY _____ HEART _____ ROUTINE ☐ ☐ ☐ HABIT ☐		

NEEDS

MIND _____

BODY _____

HEART _____

ROUTINE

☐
☐
☐

HABIT

☐

NEEDS

MIND _____

BODY _____

HEART _____

ROUTINE

☐
☐
☐

HABIT

☐

NEEDS

MIND _____

BODY _____

HEART _____

ROUTINE

☐
☐
☐

HABIT

☐

NEEDS

MIND _____

BODY _____

HEART _____

ROUTINE

☐
☐
☐

HABIT

☐

TO-DO THIS WEEK

- [ ]
- [ ]
- [ ]
- [ ]
- [ ]
- [ ]

- [ ]
- [ ]
- [ ]
- [ ]
- [ ]
- [ ]

WEEKLY NOTE TO MYSELF

SELF-CARE
ROUTINE#1: _____
ROUTINE#2: _____
ROUTINE#3: _____
NEW LITTLE HABIT: _____

	SELF-CARE	TO-DO TODAY	MOMENT TO REMEMBER
M	NEEDS MIND _____ BODY _____ HEART _____ ROUTINE [ ] [ ] [ ] HABIT [ ]		
T	NEEDS MIND _____ BODY _____ HEART _____ ROUTINE [ ] [ ] [ ] HABIT [ ]		
W	NEEDS MIND _____ BODY _____ HEART _____ ROUTINE [ ] [ ] [ ] HABIT [ ]		

T

NEEDS
MIND _____
BODY _____
HEART _____

ROUTINE
☐
☐
☐   HABIT
             ☐

F

NEEDS
MIND _____
BODY _____
HEART _____

ROUTINE
☐
☐
☐   HABIT
             ☐

S

NEEDS
MIND _____
BODY _____
HEART _____

ROUTINE
☐
☐
☐   HABIT
             ☐

S

NEEDS
MIND _____
BODY _____
HEART _____

ROUTINE
☐
☐
☐   HABIT
             ☐

TO-DO THIS WEEK

- [ ]
- [ ]
- [ ]
- [ ]
- [ ]
- [ ]

- [ ]
- [ ]
- [ ]
- [ ]
- [ ]
- [ ]

WEEKLY NOTE TO MYSELF

SELF-CARE

ROUTINE#1: _____
ROUTINE#2: _____
ROUTINE#3: _____
NEW LITTLE HABIT: _____

	SELF-CARE	TO-DO TODAY	MOMENT TO REMEMBER
M	NEEDS MIND _____ BODY _____ HEART _____ ROUTINE [ ] [ ] [ ] HABIT [ ]		
T	NEEDS MIND _____ BODY _____ HEART _____ ROUTINE [ ] [ ] [ ] HABIT [ ]		
W	NEEDS MIND _____ BODY _____ HEART _____ ROUTINE [ ] [ ] [ ] HABIT [ ]		

NEEDS

MIND _____

BODY _____

HEART _____

ROUTINE

☐
☐
☐   HABIT
            ☐

NEEDS

MIND _____

BODY _____

HEART _____

ROUTINE

☐
☐
☐   HABIT
            ☐

NEEDS

MIND _____

BODY _____

HEART _____

ROUTINE

☐
☐
☐   HABIT
            ☐

NEEDS

MIND _____

BODY _____

HEART _____

ROUTINE

☐
☐
☐   HABIT
            ☐

TO-DO THIS WEEK

- [ ]
- [ ]
- [ ]
- [ ]
- [ ]
- [ ]

- [ ]
- [ ]
- [ ]
- [ ]
- [ ]
- [ ]

WEEKLY NOTE TO MYSELF

SELF-CARE

ROUTINE#1: _____
ROUTINE#2: _____
ROUTINE#3: _____
NEW LITTLE HABIT: _____

	SELF-CARE	TO-DO TODAY	MOMENT TO REMEMBER
M	NEEDS MIND _____ BODY _____ HEART _____ ROUTINE [ ] [ ] [ ] HABIT [ ]		
T	NEEDS MIND _____ BODY _____ HEART _____ ROUTINE [ ] [ ] [ ] HABIT [ ]		
W	NEEDS MIND _____ BODY _____ HEART _____ ROUTINE [ ] [ ] [ ] HABIT [ ]		

NEEDS

MIND _____

BODY _____

HEART _____

ROUTINE

☐
☐
☐   HABIT

☐

NEEDS

MIND _____

BODY _____

HEART _____

ROUTINE

☐
☐
☐   HABIT

☐

NEEDS

MIND _____

BODY _____

HEART _____

ROUTINE

☐
☐
☐   HABIT

☐

NEEDS

MIND _____

BODY _____

HEART _____

ROUTINE

☐
☐
☐   HABIT

☐

SHOW THE WORLD HOW MUCH YOU HAVE TO OFFER

TO-DO THIS WEEK

- [ ]
- [ ]
- [ ]
- [ ]
- [ ]
- [ ]

- [ ]
- [ ]
- [ ]
- [ ]
- [ ]
- [ ]

WEEKLY NOTE TO MYSELF

SELF-CARE

ROUTINE#1: _____
ROUTINE#2: _____
ROUTINE#3: _____
NEW LITTLE HABIT: _____

	SELF-CARE	TO-DO TODAY	MOMENT TO REMEMBER
M	NEEDS MIND _____ BODY _____ HEART _____ ROUTINE [ ] [ ] [ ] HABIT [ ]		
T	NEEDS MIND _____ BODY _____ HEART _____ ROUTINE [ ] [ ] [ ] HABIT [ ]		
W	NEEDS MIND _____ BODY _____ HEART _____ ROUTINE [ ] [ ] [ ] HABIT [ ]		

NEEDS

MIND _____

BODY _____

HEART _____

ROUTINE
☐
☐
☐   HABIT
            ☐

NEEDS

MIND _____

BODY _____

HEART _____

ROUTINE
☐
☐
☐   HABIT
            ☐

NEEDS

MIND _____

BODY _____

HEART _____

ROUTINE
☐
☐
☐   HABIT
            ☐

NEEDS

MIND _____

BODY _____

HEART _____

ROUTINE
☐
☐
☐   HABIT
            ☐

TO-DO THIS WEEK

- [ ]
- [ ]
- [ ]
- [ ]
- [ ]
- [ ]

- [ ]
- [ ]
- [ ]
- [ ]
- [ ]
- [ ]

WEEKLY NOTE TO MYSELF

SELF-CARE

ROUTINE#1: _____

ROUTINE#2: _____

ROUTINE#3: _____

NEW LITTLE HABIT: _____

	SELF-CARE	TO-DO TODAY	MOMENT TO REMEMBER
M	NEEDS MIND _____ BODY _____ HEART _____ ROUTINE [ ] [ ] [ ] HABIT [ ]		
T	NEEDS MIND _____ BODY _____ HEART _____ ROUTINE [ ] [ ] [ ] HABIT [ ]		
W	NEEDS MIND _____ BODY _____ HEART _____ ROUTINE [ ] [ ] [ ] HABIT [ ]		

NEEDS
MIND _____
BODY _____
HEART _____

ROUTINE
☐
☐
☐   HABIT
            ☐

NEEDS
MIND _____
BODY _____
HEART _____

ROUTINE
☐
☐
☐   HABIT
            ☐

NEEDS
MIND _____
BODY _____
HEART _____

ROUTINE
☐
☐
☐   HABIT
            ☐

NEEDS
MIND _____
BODY _____
HEART _____

ROUTINE
☐
☐
☐   HABIT
            ☐

TO-DO THIS WEEK

- [ ]
- [ ]
- [ ]
- [ ]
- [ ]
- [ ]

- [ ]
- [ ]
- [ ]
- [ ]
- [ ]
- [ ]

WEEKLY NOTE TO MYSELF

SELF-CARE

ROUTINE#1: _____
ROUTINE#2: _____
ROUTINE#3: _____
NEW LITTLE HABIT: _____

	SELF-CARE	TO-DO TODAY	MOMENT TO REMEMBER
M	NEEDS MIND _____ BODY _____ HEART _____ ROUTINE ☐ ☐ HABIT ☐ ☐		
T	NEEDS MIND _____ BODY _____ HEART _____ ROUTINE ☐ ☐ HABIT ☐ ☐		
W	NEEDS MIND _____ BODY _____ HEART _____ ROUTINE ☐ ☐ HABIT ☐ ☐		

T

NEEDS

MIND _____

BODY _____

HEART _____

ROUTINE

☐
☐
☐   HABIT
            ☐

F

NEEDS

MIND _____

BODY _____

HEART _____

ROUTINE

☐
☐
☐   HABIT
            ☐

S

NEEDS

MIND _____

BODY _____

HEART _____

ROUTINE

☐
☐
☐   HABIT
            ☐

S

NEEDS

MIND _____

BODY _____

HEART _____

ROUTINE

☐
☐
☐   HABIT
            ☐

TO-DO THIS WEEK

- [ ]
- [ ]
- [ ]
- [ ]
- [ ]
- [ ]

- [ ]
- [ ]
- [ ]
- [ ]
- [ ]
- [ ]

WEEKLY NOTE TO MYSELF

SELF-CARE

ROUTINE#1: _____
ROUTINE#2: _____
ROUTINE#3: _____
NEW LITTLE HABIT: _____

	SELF-CARE	TO-DO TODAY	MOMENT TO REMEMBER
M	NEEDS MIND _____ BODY _____ HEART _____ ROUTINE [ ] [ ] [ ] HABIT [ ]		
T	NEEDS MIND _____ BODY _____ HEART _____ ROUTINE [ ] [ ] [ ] HABIT [ ]		
W	NEEDS MIND _____ BODY _____ HEART _____ ROUTINE [ ] [ ] [ ] HABIT [ ]		

NEEDS

MIND _____

BODY _____

HEART _____

ROUTINE

☐
☐
☐   HABIT

☐

NEEDS

MIND _____

BODY _____

HEART _____

ROUTINE

☐
☐
☐   HABIT

☐

NEEDS

MIND _____

BODY _____

HEART _____

ROUTINE

☐
☐
☐   HABIT

☐

NEEDS

MIND _____

BODY _____

HEART _____

ROUTINE

☐
☐
☐   HABIT

☐

TO-DO THIS WEEK

- [ ]
- [ ]
- [ ]
- [ ]
- [ ]
- [ ]

- [ ]
- [ ]
- [ ]
- [ ]
- [ ]
- [ ]

WEEKLY NOTE TO MYSELF

SELF-CARE

ROUTINE#1: _____
ROUTINE#2: _____
ROUTINE#3: _____
NEW LITTLE HABIT: _____

	SELF-CARE	TO-DO TODAY	MOMENT TO REMEMBER
M	NEEDS MIND _____ BODY _____ HEART _____ ROUTINE [ ] [ ] [ ] HABIT [ ]		
T	NEEDS MIND _____ BODY _____ HEART _____ ROUTINE [ ] [ ] [ ] HABIT [ ]		
W	NEEDS MIND _____ BODY _____ HEART _____ ROUTINE [ ] [ ] [ ] HABIT [ ]		

NEEDS

MIND _____

BODY _____

HEART _____

ROUTINE

☐
☐
☐   HABIT

☐

NEEDS

MIND _____

BODY _____

HEART _____

ROUTINE

☐
☐
☐   HABIT

☐

NEEDS

MIND _____

BODY _____

HEART _____

ROUTINE

☐
☐
☐   HABIT

☐

NEEDS

MIND _____

BODY _____

HEART _____

ROUTINE

☐
☐
☐   HABIT

☐

TO-DO THIS WEEK

☐ ☐
☐ ☐
☐ ☐
☐ ☐
☐ ☐
☐ ☐

WEEKLY NOTE TO MYSELF

SELF-CARE
ROUTINE#1: _____
ROUTINE#2: _____
ROUTINE#3: _____
NEW LITTLE HABIT: _____

	SELF-CARE	TO-DO TODAY	MOMENT TO REMEMBER
M	NEEDS MIND _____ BODY _____ HEART _____ ROUTINE ☐ ☐ ☐ HABIT ☐		
T	NEEDS MIND _____ BODY _____ HEART _____ ROUTINE ☐ ☐ ☐ HABIT ☐		
W	NEEDS MIND _____ BODY _____ HEART _____ ROUTINE ☐ ☐ ☐ HABIT ☐		

T

NEEDS
MIND _____
BODY _____
HEART _____

ROUTINE
☐
☐
☐   HABIT
           ☐

F

NEEDS
MIND _____
BODY _____
HEART _____

ROUTINE
☐
☐
☐   HABIT
           ☐

S

NEEDS
MIND _____
BODY _____
HEART _____

ROUTINE
☐
☐
☐   HABIT
           ☐

S

NEEDS
MIND _____
BODY _____
HEART _____

ROUTINE
☐
☐
☐   HABIT
           ☐

TO-DO THIS WEEK

- [ ]
- [ ]
- [ ]
- [ ]
- [ ]
- [ ]

- [ ]
- [ ]
- [ ]
- [ ]
- [ ]
- [ ]

WEEKLY NOTE TO MYSELF

SELF-CARE

ROUTINE#1: _____
ROUTINE#2: _____
ROUTINE#3: _____
NEW LITTLE HABIT: _____

	SELF-CARE	TO-DO TODAY	MOMENT TO REMEMBER
M	NEEDS MIND _____ BODY _____ HEART _____ ROUTINE [ ] [ ] [ ] HABIT [ ]		
T	NEEDS MIND _____ BODY _____ HEART _____ ROUTINE [ ] [ ] [ ] HABIT [ ]		
W	NEEDS MIND _____ BODY _____ HEART _____ ROUTINE [ ] [ ] [ ] HABIT [ ]		

NEEDS

MIND _____

BODY _____

HEART _____

ROUTINE

☐
☐
☐   HABIT

☐

NEEDS

MIND _____

BODY _____

HEART _____

ROUTINE

☐
☐
☐   HABIT

☐

NEEDS

MIND _____

BODY _____

HEART _____

ROUTINE

☐
☐
☐   HABIT

☐

NEEDS

MIND _____

BODY _____

HEART _____

ROUTINE

☐
☐
☐   HABIT

☐

TO-DO THIS WEEK

☐ ☐
☐ ☐
☐ ☐
☐ ☐
☐ ☐
☐ ☐

WEEKLY NOTE TO MYSELF

SELF-CARE

ROUTINE#1: _____
ROUTINE#2: _____
ROUTINE#3: _____
NEW LITTLE HABIT: _____

	SELF-CARE	TO-DO TODAY	MOMENT TO REMEMBER
M	NEEDS MIND _____ BODY _____ HEART _____ ROUTINE ☐ ☐ HABIT ☐ ☐		
T	NEEDS MIND _____ BODY _____ HEART _____ ROUTINE ☐ ☐ HABIT ☐ ☐		
W	NEEDS MIND _____ BODY _____ HEART _____ ROUTINE ☐ ☐ HABIT ☐ ☐		

NEEDS

MIND _____

BODY _____

HEART _____

ROUTINE

☐
☐
☐   HABIT
           ☐

NEEDS

MIND _____

BODY _____

HEART _____

ROUTINE

☐
☐
☐   HABIT
           ☐

NEEDS

MIND _____

BODY _____

HEART _____

ROUTINE

☐
☐
☐   HABIT
           ☐

NEEDS

MIND _____

BODY _____

HEART _____

ROUTINE

☐
☐
☐   HABIT
           ☐

TO-DO THIS WEEK

- [ ]   - [ ]
- [ ]   - [ ]
- [ ]   - [ ]
- [ ]   - [ ]
- [ ]   - [ ]
- [ ]   - [ ]

WEEKLY NOTE TO MYSELF

SELF-CARE

ROUTINE#1: _____
ROUTINE#2: _____
ROUTINE#3: _____
NEW LITTLE HABIT: _____

	SELF-CARE	TO-DO TODAY	MOMENT TO REMEMBER
M	NEEDS MIND _____ BODY _____ HEART _____ ROUTINE [ ] [ ] [ ] HABIT [ ]		
T	NEEDS MIND _____ BODY _____ HEART _____ ROUTINE [ ] [ ] [ ] HABIT [ ]		
W	NEEDS MIND _____ BODY _____ HEART _____ ROUTINE [ ] [ ] [ ] HABIT [ ]		

T

NEEDS
MIND _____

BODY _____

HEART _____

ROUTINE
☐
☐
☐
HABIT
☐

F

NEEDS
MIND _____

BODY _____

HEART _____

ROUTINE
☐
☐
☐
HABIT
☐

S

NEEDS
MIND _____

BODY _____

HEART _____

ROUTINE
☐
☐
☐
HABIT
☐

S

NEEDS
MIND _____

BODY _____

HEART _____

ROUTINE
☐
☐
☐
HABIT
☐

TO-DO THIS WEEK

☐ ☐
☐ ☐
☐ ☐
☐ ☐
☐ ☐
☐ ☐

WEEKLY NOTE TO MYSELF

SELF-CARE

ROUTINE#1: _____
ROUTINE#2: _____
ROUTINE#3: _____
NEW LITTLE HABIT: _____

	SELF-CARE	TO-DO TODAY	MOMENT TO REMEMBER
M	NEEDS MIND _____ BODY _____ HEART _____ ROUTINE ☐ ☐ ☐ HABIT ☐		
T	NEEDS MIND _____ BODY _____ HEART _____ ROUTINE ☐ ☐ ☐ HABIT ☐		
W	NEEDS MIND _____ BODY _____ HEART _____ ROUTINE ☐ ☐ ☐ HABIT ☐		

NEEDS

MIND _____

BODY _____

HEART _____

ROUTINE

☐
☐
☐   HABIT
          ☐

NEEDS

MIND _____

BODY _____

HEART _____

ROUTINE

☐
☐
☐   HABIT
          ☐

NEEDS

MIND _____

BODY _____

HEART _____

ROUTINE

☐
☐
☐   HABIT
          ☐

NEEDS

MIND _____

BODY _____

HEART _____

ROUTINE

☐
☐
☐   HABIT
          ☐

TO-DO THIS WEEK

☐ ☐
☐ ☐
☐ ☐
☐ ☐
☐ ☐
☐ ☐

WEEKLY NOTE TO MYSELF

SELF-CARE
ROUTINE#1: _____
ROUTINE#2: _____
ROUTINE#3: _____
NEW LITTLE HABIT: _____

	SELF-CARE	TO-DO TODAY	MOMENT TO REMEMBER
M	NEEDS MIND _____ BODY _____ HEART _____ ROUTINE ☐ ☐ HABIT ☐ ☐		
T	NEEDS MIND _____ BODY _____ HEART _____ ROUTINE ☐ ☐ HABIT ☐ ☐		
W	NEEDS MIND _____ BODY _____ HEART _____ ROUTINE ☐ ☐ HABIT ☐ ☐		

NEEDS

MIND _____

BODY _____

HEART _____

ROUTINE

☐
☐
☐   HABIT
            ☐

NEEDS

MIND _____

BODY _____

HEART _____

ROUTINE

☐
☐
☐   HABIT
            ☐

NEEDS

MIND _____

BODY _____

HEART _____

ROUTINE

☐
☐
☐   HABIT
            ☐

NEEDS

MIND _____

BODY _____

HEART _____

ROUTINE

☐
☐
☐   HABIT
            ☐

TO-DO THIS WEEK

☐ ☐
☐ ☐
☐ ☐
☐ ☐
☐ ☐
☐ ☐

WEEKLY NOTE TO MYSELF

SELF-CARE

ROUTINE#1: _____
ROUTINE#2: _____
ROUTINE#3: _____
NEW LITTLE HABIT: _____

	SELF-CARE	TO-DO TODAY	MOMENT TO REMEMBER
M	NEEDS MIND _____ BODY _____ HEART _____ ROUTINE ☐ ☐ ☐ HABIT ☐		
T	NEEDS MIND _____ BODY _____ HEART _____ ROUTINE ☐ ☐ ☐ HABIT ☐		
W	NEEDS MIND _____ BODY _____ HEART _____ ROUTINE ☐ ☐ ☐ HABIT ☐		

T

NEEDS

MIND _____

BODY _____

HEART _____

ROUTINE

☐
☐   HABIT
☐   ☐

F

NEEDS

MIND _____

BODY _____

HEART _____

ROUTINE

☐
☐   HABIT
☐   ☐

S

NEEDS

MIND _____

BODY _____

HEART _____

ROUTINE

☐
☐   HABIT
☐   ☐

S

NEEDS

MIND _____

BODY _____

HEART _____

ROUTINE

☐
☐   HABIT
☐   ☐

TO-DO THIS WEEK

☐ ☐
☐ ☐
☐ ☐
☐ ☐
☐ ☐
☐ ☐

WEEKLY NOTE TO MYSELF

SELF-CARE
ROUTINE#1: _____
ROUTINE#2: _____
ROUTINE#3: _____
NEW LITTLE HABIT: _____

	SELF-CARE	TO-DO TODAY	MOMENT TO REMEMBER
M	NEEDS MIND _____ BODY _____ HEART _____ ROUTINE ☐ ☐ ☐ HABIT ☐		
T	NEEDS MIND _____ BODY _____ HEART _____ ROUTINE ☐ ☐ ☐ HABIT ☐		
W	NEEDS MIND _____ BODY _____ HEART _____ ROUTINE ☐ ☐ ☐ HABIT ☐		

NEEDS

MIND _____

BODY _____

HEART _____

ROUTINE

☐
☐
☐   HABIT
          ☐

NEEDS

MIND _____

BODY _____

HEART _____

ROUTINE

☐
☐
☐   HABIT
          ☐

NEEDS

MIND _____

BODY _____

HEART _____

ROUTINE

☐
☐
☐   HABIT
          ☐

NEEDS

MIND _____

BODY _____

HEART _____

ROUTINE

☐
☐
☐   HABIT
          ☐

TO-DO THIS WEEK

☐ ☐
☐ ☐
☐ ☐
☐ ☐
☐ ☐
☐ ☐

WEEKLY NOTE TO MYSELF

SELF-CARE

ROUTINE#1: _____
ROUTINE#2: _____
ROUTINE#3: _____
NEW LITTLE HABIT: _____

	SELF-CARE	TO-DO TODAY	MOMENT TO REMEMBER
M	NEEDS MIND _____ BODY _____ HEART _____ ROUTINE ☐ ☐ ☐ HABIT ☐		
T	NEEDS MIND _____ BODY _____ HEART _____ ROUTINE ☐ ☐ ☐ HABIT ☐		
W	NEEDS MIND _____ BODY _____ HEART _____ ROUTINE ☐ ☐ ☐ HABIT ☐		

NEEDS

MIND _____

BODY _____

HEART _____

ROUTINE

☐
☐
☐

HABIT

☐

NEEDS

MIND _____

BODY _____

HEART _____

ROUTINE

☐
☐
☐

HABIT

☐

NEEDS

MIND _____

BODY _____

HEART _____

ROUTINE

☐
☐
☐

HABIT

☐

NEEDS

MIND _____

BODY _____

HEART _____

ROUTINE

☐
☐
☐

HABIT

☐

TO-DO THIS WEEK

☐   ☐
☐   ☐
☐   ☐
☐   ☐
☐   ☐
☐   ☐

WEEKLY NOTE TO MYSELF

SELF-CARE

ROUTINE#1: _____
ROUTINE#2: _____
ROUTINE#3: _____
NEW LITTLE HABIT: _____

	SELF-CARE	TO-DO TODAY	MOMENT TO REMEMBER
M	NEEDS MIND _____ BODY _____ HEART _____ ROUTINE ☐ ☐ HABIT ☐ ☐		
T	NEEDS MIND _____ BODY _____ HEART _____ ROUTINE ☐ ☐ ☐ HABIT ☐		
W	NEEDS MIND _____ BODY _____ HEART _____ ROUTINE ☐ ☐ ☐ HABIT ☐		

T

NEEDS

MIND _____

BODY _____

HEART _____

ROUTINE

☐
☐
☐   HABIT
            ☐

F

NEEDS

MIND _____

BODY _____

HEART _____

ROUTINE

☐
☐
☐   HABIT
            ☐

S

NEEDS

MIND _____

BODY _____

HEART _____

ROUTINE

☐
☐
☐   HABIT
            ☐

S

NEEDS

MIND _____

BODY _____

HEART _____

ROUTINE

☐
☐
☐   HABIT
            ☐

YOU ARE PRECIOUS

TO-DO THIS WEEK

- [ ]   [ ]
- [ ]   [ ]
- [ ]   [ ]
- [ ]   [ ]
- [ ]   [ ]
- [ ]   [ ]

WEEKLY NOTE TO MYSELF

SELF-CARE

ROUTINE#1: _____
ROUTINE#2: _____
ROUTINE#3: _____
NEW LITTLE HABIT: _____

	SELF-CARE	TO-DO TODAY	MOMENT TO REMEMBER
M	NEEDS MIND _____ BODY _____ HEART _____ ROUTINE [ ] [ ] [ ] HABIT [ ]		
T	NEEDS MIND _____ BODY _____ HEART _____ ROUTINE [ ] [ ] [ ] HABIT [ ]		
W	NEEDS MIND _____ BODY _____ HEART _____ ROUTINE [ ] [ ] [ ] HABIT [ ]		

NEEDS
MIND _____
BODY _____
HEART _____

ROUTINE
☐
☐
☐   HABIT
           ☐

NEEDS
MIND _____
BODY _____
HEART _____

ROUTINE
☐
☐
☐   HABIT
           ☐

NEEDS
MIND _____
BODY _____
HEART _____

ROUTINE
☐
☐
☐   HABIT
           ☐

NEEDS
MIND _____
BODY _____
HEART _____

ROUTINE
☐
☐
☐   HABIT
           ☐

TO-DO THIS WEEK

- [ ]   - [ ]
- [ ]   - [ ]
- [ ]   - [ ]
- [ ]   - [ ]
- [ ]   - [ ]
- [ ]   - [ ]

WEEKLY NOTE TO MYSELF

SELF-CARE

ROUTINE#1: _____
ROUTINE#2: _____
ROUTINE#3: _____
NEW LITTLE HABIT: _____

	SELF-CARE	TO-DO TODAY	MOMENT TO REMEMBER
M	NEEDS MIND _____ BODY _____ HEART _____ ROUTINE [ ] [ ] [ ] HABIT [ ]		
T	NEEDS MIND _____ BODY _____ HEART _____ ROUTINE [ ] [ ] [ ] HABIT [ ]		
W	NEEDS MIND _____ BODY _____ HEART _____ ROUTINE [ ] [ ] [ ] HABIT [ ]		

T

NEEDS

MIND _____

BODY _____

HEART _____

ROUTINE

☐
☐
☐

HABIT

☐

F

NEEDS

MIND _____

BODY _____

HEART _____

ROUTINE

☐
☐
☐

HABIT

☐

S

NEEDS

MIND _____

BODY _____

HEART _____

ROUTINE

☐
☐
☐

HABIT

☐

S

NEEDS

MIND _____

BODY _____

HEART _____

ROUTINE

☐
☐
☐

HABIT

☐

TO-DO THIS WEEK

☐   ☐
☐   ☐
☐   ☐
☐   ☐
☐   ☐
☐   ☐

WEEKLY NOTE TO MYSELF

SELF–CARE

ROUTINE#1: _____
ROUTINE#2: _____
ROUTINE#3: _____
NEW LITTLE HABIT: _____

	SELF–CARE	TO-DO TODAY	MOMENT TO REMEMBER
M	NEEDS MIND _____ BODY _____ HEART _____ ROUTINE ☐ ☐ HABIT ☐ ☐		
T	NEEDS MIND _____ BODY _____ HEART _____ ROUTINE ☐ ☐ HABIT ☐ ☐		
W	NEEDS MIND _____ BODY _____ HEART _____ ROUTINE ☐ ☐ HABIT ☐ ☐		

NEEDS

MIND _____

BODY _____

HEART _____

ROUTINE

☐
☐
☐

HABIT

☐

NEEDS

MIND _____

BODY _____

HEART _____

ROUTINE

☐
☐
☐

HABIT

☐

NEEDS

MIND _____

BODY _____

HEART _____

ROUTINE

☐
☐
☐

HABIT

☐

NEEDS

MIND _____

BODY _____

HEART _____

ROUTINE

☐
☐
☐

HABIT

☐

TO-DO THIS WEEK

- [ ]
- [ ]
- [ ]
- [ ]
- [ ]
- [ ]

- [ ]
- [ ]
- [ ]
- [ ]
- [ ]
- [ ]

WEEKLY NOTE TO MYSELF

SELF-CARE

ROUTINE#1: _____
ROUTINE#2: _____
ROUTINE#3: _____
NEW LITTLE HABIT: _____

	SELF-CARE	TO-DO TODAY	MOMENT TO REMEMBER
M	NEEDS MIND _____ BODY _____ HEART _____ ROUTINE [ ] [ ] [ ] HABIT [ ]		
T	NEEDS MIND _____ BODY _____ HEART _____ ROUTINE [ ] [ ] [ ] HABIT [ ]		
W	NEEDS MIND _____ BODY _____ HEART _____ ROUTINE [ ] [ ] [ ] HABIT [ ]		

NEEDS
MIND _____
BODY _____
HEART _____

ROUTINE
☐
☐
☐   **HABIT**
            ☐

NEEDS
MIND _____
BODY _____
HEART _____

ROUTINE
☐
☐
☐   **HABIT**
            ☐

NEEDS
MIND _____
BODY _____
HEART _____

ROUTINE
☐
☐
☐   **HABIT**
            ☐

NEEDS
MIND _____
BODY _____
HEART _____

ROUTINE
☐
☐
☐   **HABIT**
            ☐

TO-DO THIS WEEK

- [ ]
- [ ]
- [ ]
- [ ]
- [ ]
- [ ]

- [ ]
- [ ]
- [ ]
- [ ]
- [ ]
- [ ]

WEEKLY NOTE TO MYSELF

SELF-CARE

ROUTINE#1: _____

ROUTINE#2: _____

ROUTINE#3: _____

NEW LITTLE HABIT: _____

	SELF-CARE	TO-DO TODAY	MOMENT TO REMEMBER
M	NEEDS MIND _____ BODY _____ HEART _____ ROUTINE [ ] [ ] [ ] HABIT [ ]		
T	NEEDS MIND _____ BODY _____ HEART _____ ROUTINE [ ] [ ] [ ] HABIT [ ]		
W	NEEDS MIND _____ BODY _____ HEART _____ ROUTINE [ ] [ ] [ ] HABIT [ ]		

T

NEEDS
MIND _____
BODY _____
HEART _____

ROUTINE
☐
☐
☐   HABIT
     ☐

F

NEEDS
MIND _____
BODY _____
HEART _____

ROUTINE
☐
☐
☐   HABIT
     ☐

S

NEEDS
MIND _____
BODY _____
HEART _____

ROUTINE
☐
☐
☐   HABIT
     ☐

S

NEEDS
MIND _____
BODY _____
HEART _____

ROUTINE
☐
☐
☐   HABIT
     ☐

TO-DO THIS WEEK

- ☐
- ☐
- ☐
- ☐
- ☐
- ☐

- ☐
- ☐
- ☐
- ☐
- ☐
- ☐

WEEKLY NOTE TO MYSELF

SELF-CARE

ROUTINE#1: _____
ROUTINE#2: _____
ROUTINE#3: _____
NEW LITTLE HABIT: _____

	SELF-CARE	TO-DO TODAY	MOMENT TO REMEMBER
M	NEEDS MIND _____ BODY _____ HEART _____ ROUTINE ☐ ☐ ☐ HABIT ☐		
T	NEEDS MIND _____ BODY _____ HEART _____ ROUTINE ☐ ☐ ☐ HABIT ☐		
W	NEEDS MIND _____ BODY _____ HEART _____ ROUTINE ☐ ☐ ☐ HABIT ☐		

NEEDS

MIND _____

BODY _____

HEART _____

ROUTINE

☐
☐
☐

HABIT

☐

NEEDS

MIND _____

BODY _____

HEART _____

ROUTINE

☐
☐
☐

HABIT

☐

NEEDS

MIND _____

BODY _____

HEART _____

ROUTINE

☐
☐
☐

HABIT

☐

NEEDS

MIND _____

BODY _____

HEART _____

ROUTINE

☐
☐
☐

HABIT

☐

TO-DO THIS WEEK

- [ ]   [ ]
- [ ]   [ ]
- [ ]   [ ]
- [ ]   [ ]
- [ ]   [ ]
- [ ]   [ ]

WEEKLY NOTE TO MYSELF

SELF-CARE

ROUTINE#1: _____

ROUTINE#2: _____

ROUTINE#3: _____

NEW LITTLE HABIT: _____

	SELF-CARE	TO-DO TODAY	MOMENT TO REMEMBER
M	NEEDS MIND _____ BODY _____ HEART _____ ROUTINE [ ] [ ] [ ] HABIT [ ]		
T	NEEDS MIND _____ BODY _____ HEART _____ ROUTINE [ ] [ ] [ ] HABIT [ ]		
W	NEEDS MIND _____ BODY _____ HEART _____ ROUTINE [ ] [ ] [ ] HABIT [ ]		

NEEDS
MIND _____

BODY _____

HEART _____

ROUTINE
☐
☐
☐   HABIT
            ☐

NEEDS
MIND _____

BODY _____

HEART _____

ROUTINE
☐
☐
☐   HABIT
            ☐

NEEDS
MIND _____

BODY _____

HEART _____

ROUTINE
☐
☐
☐   HABIT
            ☐

NEEDS
MIND _____

BODY _____

HEART _____

ROUTINE
☐
☐
☐   HABIT
            ☐

	TO-DO THIS WEEK		WEEKLY NOTE TO MYSELF

TO-DO THIS WEEK

☐ ☐
☐ ☐
☐ ☐
☐ ☐
☐ ☐
☐ ☐

WEEKLY NOTE TO MYSELF

SELF-CARE

ROUTINE#1: _____
ROUTINE#2: _____
ROUTINE#3: _____
NEW LITTLE HABIT: _____

	SELF-CARE	TO-DO TODAY	MOMENT TO REMEMBER
M	NEEDS MIND _____ BODY _____ HEART _____ ROUTINE ☐ ☐ ☐ HABIT ☐		
T	NEEDS MIND _____ BODY _____ HEART _____ ROUTINE ☐ ☐ ☐ HABIT ☐		
W	NEEDS MIND _____ BODY _____ HEART _____ ROUTINE ☐ ☐ ☐ HABIT ☐		

T

NEEDS

MIND _____

BODY _____

HEART _____

ROUTINE

☐
☐
☐   HABIT
            ☐

F

NEEDS

MIND _____

BODY _____

HEART _____

ROUTINE

☐
☐
☐   HABIT
            ☐

S

NEEDS

MIND _____

BODY _____

HEART _____

ROUTINE

☐
☐
☐   HABIT
            ☐

S

NEEDS

MIND _____

BODY _____

HEART _____

ROUTINE

☐
☐
☐   HABIT
            ☐

TO-DO THIS WEEK

- [ ]
- [ ]
- [ ]
- [ ]
- [ ]
- [ ]

- [ ]
- [ ]
- [ ]
- [ ]
- [ ]
- [ ]

WEEKLY NOTE TO MYSELF

SELF-CARE

ROUTINE#1: _____
ROUTINE#2: _____
ROUTINE#3: _____
NEW LITTLE HABIT: _____

	SELF-CARE	TO-DO TODAY	MOMENT TO REMEMBER
M	NEEDS MIND _____ BODY _____ HEART _____ ROUTINE [ ] [ ] [ ] HABIT [ ]		
T	NEEDS MIND _____ BODY _____ HEART _____ ROUTINE [ ] [ ] [ ] HABIT [ ]		
W	NEEDS MIND _____ BODY _____ HEART _____ ROUTINE [ ] [ ] [ ] HABIT [ ]		

NEEDS

MIND _____

BODY _____

HEART _____

ROUTINE

☐
☐
☐

HABIT

☐

NEEDS

MIND _____

BODY _____

HEART _____

ROUTINE

☐
☐
☐

HABIT

☐

NEEDS

MIND _____

BODY _____

HEART _____

ROUTINE

☐
☐
☐

HABIT

☐

NEEDS

MIND _____

BODY _____

HEART _____

ROUTINE

☐
☐
☐

HABIT

☐

TO-DO THIS WEEK

☐   ☐
☐   ☐
☐   ☐
☐   ☐
☐   ☐
☐   ☐

WEEKLY NOTE TO MYSELF

SELF-CARE

ROUTINE#1: _____
ROUTINE#2: _____
ROUTINE#3: _____
NEW LITTLE HABIT: _____

	SELF-CARE	TO-DO TODAY	MOMENT TO REMEMBER
M	NEEDS MIND _____ BODY _____ HEART _____ ROUTINE ☐ ☐ ☐ HABIT ☐		
T	NEEDS MIND _____ BODY _____ HEART _____ ROUTINE ☐ ☐ ☐ HABIT ☐		
W	NEEDS MIND _____ BODY _____ HEART _____ ROUTINE ☐ ☐ ☐ HABIT ☐		

NEEDS

MIND _____

BODY _____

HEART _____

ROUTINE

☐
☐
☐

HABIT

☐

NEEDS

MIND _____

BODY _____

HEART _____

ROUTINE

☐
☐
☐

HABIT

☐

NEEDS

MIND _____

BODY _____

HEART _____

ROUTINE

☐
☐
☐

HABIT

☐

NEEDS

MIND _____

BODY _____

HEART _____

ROUTINE

☐
☐
☐

HABIT

☐

SPACE FOR IDEAS